AF247080

LA LIBERTÉ POLITIQUE

ET

LA LIBERTÉ INDIVIDUELLE

PAR

Paul DUPUY

PROFESSEUR A L'ÉCOLE DE MÉDECINE DE BORDEAUX

———

BORDEAUX

IMPRIMERIE G. GOUNOUILHOU

11, RUE GUIRAUDE, 11

—

1873

LA LIBERTÉ POLITIQUE

ET

LA LIBERTÉ INDIVIDUELLE

« La Révolution n'est qu'une grande expérience manquée, une religion qui tombe pour le peuple... une banqueroute pour tous (¹). » C'est ainsi que s'exprimait, naguères, dans un pittoresque et passionné langage, E. Montégut, l'un des publicistes distingués de notre époque.

Je ne crois point, pour ma part, à une banqueroute définitive, et j'admettrai plutôt, pour continuer l'image, une suspension provisoire de paiement. Mais, quelles que soient les destinées que l'avenir nous réserve, il n'en est pas moins certain que nous sommes en présence d'une situation singulièrement difficile et équivoque pour cette grande chose qu'on appelle la Révolution française. On a pu, en effet, sans trop d'exagération, l'accuser de démentir un programme, qui, après avoir séduit nos pères par les idéales et brillantes perspectives de liberté, de droit et de justice, à part certains avantages chèrement achetés, ne leur a valu que la tyrannie, le sang et les ruines ; nous léguant, par surcroît, le triste héritage

---

(¹) *Revue des Deux-Mondes,* 15 août, 15 novembre 1871.

d'une foi éteinte, du vide dans les âmes qu'énerve et flétrit le doute, car avec l'illusion s'est évanouie l'espérance.

La société française a subi les plus cruels orages. Après avoir proclamé la souveraineté de la raison, elle est devenue la proie des utopistes qui ont déchaîné les passions, des despotes qui ont réprimé brutalement ses aspirations les plus légitimes. C'est ainsi qu'on la voit osciller sans cesse, de la servitude à l'anarchie, incertaine de sa voie et incapable de la tracer. Des aventures toujours renaissantes, les lois sans autorité, le désordre dans les esprits qu'aucun lien moral n'unit dans une pensée commune, la prévision ou tout au moins la crainte de catastrophes nouvelles, menaçant à la fois l'existence de la société et celle de la patrie : tel est le tableau qui s'offre à nos regards, et nous émeut douloureusement, comme hommes et comme citoyens.

Un grand problème historique s'impose à notre étude. Quelles sont les causes cachées de l'état présent des choses? Comment l'austère raison a-t-elle pu nous conduire à tant d'insignes folies? Comment la liberté est-elle devenue licence, et le droit oppression et injustice?

La réponse aux questions qui précèdent est l'objet de cet essai sur la liberté considérée dans son double caractère (¹).

Qu'est-ce que la vérité? disait un gouverneur romain, tristement célèbre et fort peu soucieux, d'ailleurs, d'obtenir une réponse à cette grave question. Qu'est-ce que la liberté? dit également, de nos jours, le scepticisme politique, refusant de vous entendre ou ne vous accordant qu'une attention distraite.

(¹) Le dernier ouvrage de M. Paul Janet : *Histoire de la science politique,* etc., m'a fourni de nombreux matériaux pour ma rédaction.

La liberté est individuelle ou générale, c'est-à-dire politique.

La liberté individuelle, telle que je la comprends, est l'évolution normale du droit naturel envisagé dans ses termes fondamentaux, savoir : la pensée, la conscience, l'activité extérieure, ayant trait à la jouissance du temps et de l'espace, et impliquant, avec la propriété personnelle, la pleine émancipation du travail. Ces conditions remplies assurent la sécurité de la personne, qui les exige rigoureusement et n'existe pas sans elles.

Mais cette sécurité, cette liberté que certains auteurs identifient l'une avec l'autre (¹), réclament des garanties extrinsèques. Et tel est le rôle que doit remplir la liberté générale ou politique, fondée sur la représentation qui donne à chaque citoyen sa part d'influence dans les affaires du pays. Ce dernier arrive ainsi au gouvernement de soi-même, à l'autonomie, pour me servir du langage de Kant.

La définition que j'ai donnée de la liberté individuelle est évidemment un idéal à réaliser plutôt qu'une vérité d'expérience. Je pars du principe, que je considère comme fondamental, de l'autonomie de la personne humaine. La pierre angulaire de l'édifice social est en nous, le critérium de nos actes appartient à nos facultés, et le but à atteindre ne saurait être que l'épanouissement progressif et spontané de notre nature, sous la règle suprême des lois de la raison, cette lumière intérieure qui éclaire tout homme venant au monde.

La France possède sans doute l'autonomie politique, le gouvernement du pays par le pays, en d'autres termes la liberté générale. Mais l'autonomie de la personne humaine

(¹) Jean Bodin et H. Passy. Voir pour celui-ci : *des Formes de gouvernement et des Lois qui les régissent*, p. 75.

est loin d'être une réalité pratique. La pensée n'est pas toujours libre dans ses allures, la conscience n'est pas pleinement affranchie, et le travail ne jouit point d'une complète indépendance.

En effet, il n'y a pour les écarts de la pensée qu'un correctif raisonnable : la répression. Or, la prévention, bien qu'atténuée, existe toujours. La répression elle-même devrait se borner aux cas dans lesquels la parole occasionnerait un préjudice à la sécurité individuelle ou collective, et, à cet égard, il n'y a point de distinction à établir entre le langage et l'écriture [1]. La prévention pratiquée, à l'égard de la presse, se retrouve encore en matière d'enseignement, et là elle s'enveloppe sous le manteau d'un monopole, incomplet à cette heure, mais qui s'étendait jadis de l'instruction primaire à l'instruction supérieure.

C'est aussi de la prévention pour la liberté religieuse que le régime des Églises nationales qui a pour but manifeste, en subordonnant la conscience au pouvoir politique, d'en réprimer l'essor aux limites voulues par ce dernier. Il y a de plus, ici, une injustice dans ce monopole étrange d'un État qui se prononce en faveur de trois ou quatre orthodoxies, et déclare la porte close à toute tentative nouvelle de la pensée religieuse. Il est douteux que le christianisme lui-même eût réussi à se faire jour à travers les mailles de l'inextricable réseau dont la bureaucratie enserre toute initiative privée.

Enfin la liberté extérieure de la personne laisse encore

---

[1] « On peut se servir de la presse, comme de tout autre moyen, pour commettre certains délits, tels que : calomnier les citoyens, outrager les magistrats, faire appel à la révolte. Ces délits, punissables de leur nature, ne deviennent pas innocents pour être commis par la voie de la presse ; ils en contractent, au contraire, une gravité plus grande. » (Barni, *de la Morale dans la démocratie*, p. 163.)

beaucoup à désirer. La prison préventive, châtiment anticipé de délits ou de crimes, parfois imaginaires, et alors châtiment inique et sans réparations, ne devrait être qu'une mesure extrême, à laquelle on ne devrait avoir recours que le plus rarement possible. Or, en France, on vit encore sous l'empire moral d'une législation atroce, inspirée par l'Inquisition. Tout accusé est un coupable dont il faut obtenir l'aveu à tout prix, et dans ce but : « on livre sans réserve l'accusé à l'accusateur, on le séquestre de la société des hommes, le privant de toute assistance légale, l'obligeant à devenir un témoin contre lui-même, et faisant de son trouble, de sa solitude, de son découragement, autant de moyens d'information (¹). » C'est là une pression des plus regrettables et qui rappelle la torture qu'elle remplace. Quant à la liberté du travail, elle existe certainement dans nos codes; mais, d'une part, l'État exerce divers monopoles, et, d'autre part, il favorise certaines industries, sous le prétexte de travail national. Le commerce de l'argent entre autres n'a pu être affranchi de ses antiques entraves, et s'il offre pour le crédit des facilités suffisantes à la grande industrie, il est loin d'en être de même pour la petite. Alors celle-ci, manquant du capital, instrument indispensable de tout travail, rêve la gratuité du crédit et veut faire de l'État le banquier du prolétaire. On arrive ainsi à mettre au passif d'une concurrence illimitée, purement fictive, un état de choses pénible, difficile à bien des égards, et qui, s'il n'est point une gêne pour tous, est au moins une souffrance pour un grand nombre.

La liberté individuelle, ou l'autonomie de la personne humaine, est donc un idéal à atteindre et qui est encore

(¹) Prévost-Paradol, *la France nouvelle*, p. 183.

bien loin de sa complète réalisation. Le retard que nous éprouvons à prendre l'entière possession de nous-même, tient à des causes multiples qu'il s'agit d'analyser et de mettre en lumière. Dans ce but je vais demander à l'histoire la part qui a été faite à la pensée, à la conscience, à la propriété.

Temps antiques.

L'autonomie est le règne de la raison; c'est le sceptre donné à la faculté maîtresse, dont le légitime empire se fonde en s'affirmant.

Mais s'il en est ainsi, n'est-il pas de pleine évidence que la raison est, de toutes les facultés de l'esprit, la dernière à naître pour l'individu comme pour les masses? La société qui est un besoin de nature, quoi qu'en dise Rousseau, a dû en se constituant, à l'origine, reposer sur d'autres données, par exemple l'autorité du père de famille d'abord, du chef de clan ensuite. Et de là, tantôt le gouvernement des anciens, comme plus expérimentés, plus sages et meilleurs : d'où l'aristocratie; tantôt le gouvernement d'un seul, surtout en temps de guerre, gouvernement tempéré d'ordinaire par le pouvoir coexistant des chefs de famille. Dans tous les cas hétéronomie, puisque, prise dans sa généralité, la personne humaine subit des lois imposées, souvent traditionnelles, et accepte d'autres autorités que la sienne propre. Cette autorité représentera la religion de la famille, la force, la richesse, la sagesse; elle représentera tout excepté le gouvernement de l'individu par lui-même : l'autonomie.

Dans le monde gréco-romain, d'où nous procédons surtout, la société a eu pour fondement la religion qui a organisé la famille, la curie ou phratrie, la tribu et enfin la cité qui paraît, à certains égards, n'être que la famille agrandie (¹). Ainsi constituée, l'antiquité n'a pu voir dans la liberté de conscience qu'un sacrilége et un crime contre la patrie, car celle-ci exprime à la fois le culte des divinités communes et le culte des tombeaux. Socrate est mort pour avoir rompu avec la tradition.

Cet exemple nous prouve ce qu'était la liberté de la pensée dans l'ordre religieux. En matière d'enseignement on réprima, quand il y eut lieu, l'action individuelle, et l'instruction fut donnée au nom de l'État, à Athènes comme à Sparte. La propriété eut, à son origine, un caractère impersonnel et fut, dans la plupart de ses expressions, éminemment collective; puis, après un premier degré de concentration, elle devint pour le père de famille une simple jouissance (²). Inaliénable alors, elle appartenait en réalité aux tombeaux des aïeux. Plus tard, lorsque la cité a été fondée, la propriété prend un caractère plus personnel, puisqu'elle peut être léguée et vendue; mais l'État, devenu tout-puissant, s'arroge désormais le droit de confiscation. Qu'étaient, d'ailleurs, les garanties de l'individu que le soupçon seul ou l'envie suffisait à faire frapper d'ostracisme? Le citoyen, en présence du pouvoir civil et religieux indissolublement unis, n'était qu'un fidèle en présence des organes de sa foi. Il n'avait donc que des devoirs. Puis, à une époque ultérieure, lorsque la religion eut généralement perdu son empire, le droit absolu de l'État n'en persista pas moins.

Les sentiments d'humanité ont fait manifestement

(¹) Voir le très remarquable ouvrage de M. Fustel de Coulanges sur la *Cité antique*, qui m'a beaucoup servi dans cette partie de mon travail.

(²) Les très intéressantes recherches de M. de Laveleye sur la propriété primitive (*Revue des Deux-Mondes*, 1872-1873) prouvent qu'elle a été commune d'abord, au moins pour la possession du sol, et qu'elle l'est encore chez certains peuples.

défaut, pendant une période importante de l'antiquité gréco-romaine, sous ce rapport inférieure à l'Orient. Le même mot dans la langue latine, *hostis,* désignait à la fois l'étranger et l'ennemi. En effet, l'étranger avait d'autres dieux, un autre culte, et chacun voyait là des rivaux et des adversaires pour ses propres divinités. Toute guerre prenait ainsi un caractère religieux, fanatique, c'est-à-dire atroce, à moins qu'on ne trouvât son avantage à conserver la vie aux vaincus. Telle fut l'origine de l'institution de l'esclavage, qui devint le principal instrument de travail et comme le fondement même de la société. Dans de telles conditions, quel pouvait être le sort des infortunés réduits en servitude? Les gladiateurs du cirque et les esclaves qui servaient à engraisser les murènes de leur maître, seront une suffisante réponse.

De l'examen comparatif de la situation des hommes libres et de ceux qui ne l'étaient point, je crois pouvoir conclure que l'antiquité a complètement méconnu le droit naturel, et l'a même outrageusement violé. Il ne saurait être question pour elle de l'autonomie de la personne humaine. En principe la liberté individuelle n'existait point.

La liberté politique a néanmoins existé dans le monde gréco-romain, mais elle n'a jamais été qu'un privilége à l'usage d'un nombre d'hommes plus ou moins considérable, suivant les cités. Ces hommes eux-mêmes, divisés d'intérêt, se distinguaient en aristocratie et en démocratie, c'est-à-dire en riches et en pauvres. Dans la plupart des villes de la Grèce, les dissensions intestines, l'exil, les confiscations en masse, les guerres d'extermination, la tyrannie furent les fruits amers de cette liberté politique dont le véritable rôle est la garantie de droits naturels alors universellement ignorés. Le moyen avait été pris pour la fin et l'a été bien souvent de nos jours.

L'antiquité nous offre donc la subordination complète de la personne morale à la cité, puis à l'empereur, lorsque l'Occident, par une décadence d'ailleurs nécessaire, étant données les conquêtes de Rome, fut descendu en politique au niveau de la civilisation orientale. La loi, divine à l'origine, alors que les légistes et les prêtres ne faisaient qu'un, possède encore son caractère absolu lorsque les croyances se sont affaiblies ou même éteintes. L'État politique, conservant les apparences d'une foi morte ou mourante, bénéficia ainsi, soit comme cité, soit comme tyran, soit comme césar, des traditions évanouies. Le droit, qui n'était point fondé sur le contrat, jadis, mais sur la religion, n'a plus d'autre source que la volonté populaire d'abord, puis celle d'un seul homme. « Le bon plaisir du prince, voilà la loi ! » disait Ulpien ([1]).

Platon, l'un des plus remarquables écrivains de l'antiquité, métaphysicien doublé d'un poète, qui a su donner à une pensée puissante et profonde toutes les grâces et toutes les séductions du style, s'est laissé inspirer, dans sa *République,* du milieu social au sein duquel il vivait, et dont il nous a donné comme une résultante idéale. Partant de ce principe que l'État est une personne, une unité vivante, il arrive à l'anéantissement et à l'esclavage de l'individu par la suppression radicale de la propriété et de la famille. L'éducation appartient exclusivement au pouvoir politique. Celui-ci a pour but la vertu, et doit, pour en assurer le règne, soumettre à une censure préalable les œuvres des poètes et des musi-

<hr>

([1]) Cité par M. Paul Janet, *Inst.,* liv. I, t. III, § 6.

ciens, lesquels, au dire du philosophe, ont un très grand rôle à jouer dans l'éducation.

Platon a formulé, d'une manière complète et logique, la pensée qui découle des institutions de l'antiquité (¹). Mais l'antiquité, qui a perdu l'usage des droits politiques pour avoir méconnu et violé le droit naturel, ne nous offre-t-elle point, cependant, quelques exceptions à cet égard? La justice, qui, pour un Thémistocle et un Agésilas, n'est que l'obéissance aux lois de la patrie et se confondait avec le patriotisme, ne s'était-elle point révélée, sous son vrai caractère, à la grande âme d'Aristide? Sophocle ne nous montre-t-il point Antigone se défendant d'avoir violé les décrets de Créon, en invoquant les lois non écrites? Socrate, enfin, subordonne les lois de la cité à des lois supérieures, et non écrites, qui émanent, non du caprice d'un peuple, mais de la volonté des Dieux. Cette justice d'en haut le conduisit à reconnaître l'égalité morale de l'homme et de la femme, et la dignité qui s'attache au travail manuel. Elle lui inspira enfin, dans son *Apologie,* ces belles paroles qui inaugurent une révolution morale: «Athéniens! je vous honore et vous aime; mais j'obéirai à Dieu plutôt qu'à vous.» Relever la conscience du joug de l'État, tel fut son rôle, et il n'y en a pas de plus beau dans l'antiquité (²).

(¹) Cette pensée, relativement à la propriété individuelle, se trouve, comme l'établit M. Paul Janet, dans une tradition ininterrompue où figurent des Pères de l'Église. A une époque plus récente on peut citer : Hobbes, Bossuet, Louis XIV, Fénelon, Montesquieu, Rousseau et surtout Morelly et l'abbé Mably. « La vraie source, la source directe des idées de l'abbé Mably, et, par conséquent du communisme moderne, dit M. Paul Janet, a été Platon. Les écrits de Mably sont pleins des souvenirs de la *République* et des *Lois :* ce n'est pas seulement une influence lointaine et vague, c'est une influence consciente et acceptée et une véritable imitation. » *(Histoire de la science politique dans ses rapports avec la morale,* t. II, p. 702.) Bastiat a également insisté avec beaucoup de force sur l'origine antique du socialisme contemporain.

(²) Paul Janet, *op. cit.,* t. Iᵉʳ, p. 102.

Aristote a été loin d'avoir une intuition claire et adé-
quate de la justice, mais il en a eu un sentiment vif bien
que borné. Pour lui, elle est la réunion de toutes les
vertus; c'est la vertu dans son rapport à autrui; on peut
la définir le bien d'autrui. Elle repose sur l'égalité et se
subdivise en justice distributive et en justice corrective
ou compensative. Aristote distingue également la justice
écrite de l'équité, qui est la justice parfaite; il déclare
que le droit ou le juste est la règle et le but de l'association politique, et que la liberté consiste à vivre pour soi
et non pour un autre.

Après la protestation brutale de l'école cynique contre
la prépondérance absolue de l'État, le stoïcisme, en
admettant le principe d'une liberté intérieure, d'une
force qui se suffit à elle-même, se trouvait naturellement
conduit à séparer l'homme du citoyen; car l'esclave peut
être un homme et le citoyen être indigne de ce titre.
D'ailleurs, pour le stoïcisme, il y avait unité dans la
nature, dans le genre humain qui procède de la raison
universelle et divine : d'où la fraternité des hommes
entre eux et la condamnation de l'esclavage [1].

S'inspirant du stoïcisme, Cicéron donne une véritable
théorie du droit, qu'il fait émaner de la raison divine
manifestée dans la nature. Ce droit, qui ne relève ni des
institutions ni des lois des peuples, est ce que nous appe-
lons maintenant le droit naturel. Sous l'influence pro-
longée du stoïcisme, il fut introduit par les jurisconsultes
de l'époque impériale dans la législation. Toute cette
doctrine était sans doute d'une application très insuffi-
sante, mais l'idée générale survivait.

[1] Justice et charité, telle fut la belle devise du stoïcisme, comme le
démontre Denis dans son ouvrage : *Histoire des théories et des idées
morales dans l'antiquité.*

Après l'influence purement philosophique, il faut accorder sa part à l'influence religieuse, qui fut une nouvelle revendication de la conscience contre la tyrannie de l'État. Comme couronnement du judaïsme, qui faisait une part réelle aux idées de justice, d'amour, de fraternité, on voit se produire un organisme nouveau, plein de sève, d'originalité et de puissance. J'ai nommé le christianisme.

Celui-ci a, comme principe fondamental, l'amour de Dieu pour les hommes, qui vient déborder, de toutes parts, cette justice étroite et malsaine (au moins en dehors du stoïcisme) qui était compatible avec l'esclavage et les abominations qu'il entraînait à sa suite. L'amour de Dieu est celui d'un père pour ses enfants, et ne peut être qu'infini ; celui des hommes n'a d'autre mesure que leur capacité d'aimer, et il doit s'appliquer à Dieu et à nos semblables, c'est-à-dire à nos frères. Tous les hommes, même les étrangers, même les esclaves sont, en effet, nos frères, et nous sommes tous les membres d'un même corps : Jésus-Christ. En lui nous ne sommes qu'un. Le Christ bannit à tout jamais la confusion de la société civile et de la société religieuse, cette immense erreur de l'antiquité, lorsqu'il dit de rendre à César ce qui est à César, et à Dieu ce qui est à Dieu. Celui-ci, ou la conscience qu'il prend pour organe, a donc un droit absolu, possède une sphère propre d'activité que César ou l'État ne peut, ni ne doit envahir. Aussi voit-on les apôtres déclarer, comme l'avait fait jadis Socrate, qu'ils obéiront à Dieu plutôt qu'aux hommes. Tout le développement du christianisme, jusqu'à l'heure où il prit la place de l'ancien culte, ne fut qu'une longue insurrection morale, où la patience à toute épreuve se mariait à l'énergie, contre l'ancienne confusion dont avait vécu le monde gréco-romain; dont vivait encore ou paraissait vivre la civilisation impériale, savoir l'identité établie entre le citoyen et le croyant. Cette distinction ne fut pas, hélas! de longue durée, et l'on vit s'établir une véritable synthèse entre la religion triomphante et le culte vaincu. La fameuse loi historique de Hégel n'est qu'une généralisation de l'expérience.

Toutefois, le christianisme conserva l'amour, son principe et sa raison d'être. La fraternité, l'égalité profonde et originelle de tous les hommes devant Dieu, bien que démentis par l'ensemble des institutions qui succédèrent à la chute de l'empire romain, ne disparurent point de l'enseignement de l'Église. Telle est la part que la doctrine chrétienne fit au droit naturel; mais, comme elle a toujours eu en vue le royaume de Dieu et la patrie céleste, elle ne s'est jamais préoccupée de la liberté générale ou droit politique. Sauf les réserves relatives à la conscience, et qu'il n'indique point d'ailleurs, saint Paul conseille même l'obéissance passive aux puissances établies.

Je viens d'établir le bilan de la société antique sur les questions capitales de la liberté individuelle et de la liberté politique. La première ne fut qu'une théorie à l'usage de quelques philosophes jusqu'à l'avénement du christianisme, et ce dernier mit surtout en relief les droits de la conscience et la fraternité humaine. Mais tout cela, au bout de quelques siècles, semblait devenu une lettre morte.

Quant à la liberté politique, l'antiquité gréco-romaine l'a connue, sous la forme odieuse du privilége, puis l'a perdue. A cet égard, comme pour le droit naturel incomplètement aperçu et mal déterminé, l'humanité eut à subir une marche rétrograde.

De l'ensemble de ces considérations, je me crois autorisé à conclure que l'antiquité ne s'est point élevée au-dessus de l'hétéronomie. L'autonomie n'eût été réalisée que dans l'union de la liberté politique et de la liberté individuelle.

Moyen Age.

Après l'organisation primitive de la conquête barbare, nous voyons surgir de nouveau la tradition impériale du césarisme, qui se manifeste dans la personne de Charlemagne, avec les tempéraments de liberté politique inhérents aux mœurs des Germains. Ceux-ci possédaient, en effet, pour les hommes libres, des assemblées générales et annuelles, dites *champ de mars* d'abord, et *champ de mai* ensuite, qui furent transformées en réunions consultatives par le grand empereur. Mais le capitulaire de Kiersi (877), par lequel Charles le Chauve reconnut l'hérédité des offices et des bénéfices, amena, avec le triomphe de la féodalité, c'est-à-dire du fractionnement du pouvoir politique, l'extinction des assemblées générales.

Toutefois, l'excès de l'anarchie, à une époque où triompha plus que jamais la force brutale, produisit le mouvement d'émancipation des communes, mouvement favorisé par la royauté renaissante, qui inaugurait sa politique d'antagonisme entre les éléments sociaux. Quand Philippe le Bel rétablit les grandes assemblées, sous le nom d'États généraux ('), il appela les représentants des communes à y figurer. Sous Charles VII, le souverain se fit concéder la faculté d'imposer des tailles à son plaisir, « et à ceci consentirent les seigneurs de France,

---

(¹) 10 avril 1302.

pour certaines pensions, » dit Commines, qui ajoute : « Le roy chargea fort son âme et celle de ses successeurs, mit une cruelle plaie en son royaume, qui longtemps saignera. » C'était effectivement la fin de toute liberté politique sérieuse, car, même en plein moyen âge, les divers pouvoirs féodaux n'élevaient jamais le montant des subsides avant d'avoir obtenu le consentement des hommes libres. Comme le dit M. H. Passy : « Au fond, les États généraux, paralysés par l'antagonisme de leurs éléments, qu'entretenait la royauté, ne formèrent plus qu'un grand Conseil, consulté de loin en loin dans les circonstances extraordinaires (1). »

Voilà ce qu'était en France, au moyen âge, la liberté politique, et ce qu'elle est devenue à la fin de cette période, grâce à la concentration du pouvoir entre les mains d'un seul. Quant à la liberté individuelle, il y a peu d'époques où on en ait tenu un moindre compte. La scolastique n'ignore point, sans doute, qu'il existe une loi naturelle, mais ne la comprend guère, car elle s'inspire à la fois d'Aristote et de saint Augustin, tous deux partisans de l'esclavage. Les considérants des édits de Philippe le Bel et de Louis le Hutin, sur l'affranchissement des serfs dans le domaine de la couronne, nous disent, il est vrai : « Attendu que toute créature humaine, qui est formée à l'image de Notre-Seigneur, doit être généralement franche par droit naturel..... » « Comme, selon le droit de nature, chacun doit naître franc..... » Et toutefois, de telles paroles demeurent sans écho possible à une époque où l'esclavage était tenu pour légitime; où l'État était chrétien et devait prêter son bras à l'Église, afin d'exterminer l'hérésie; où la propriété passait pour un privilége, une invention humaine, parfois

(1) H. Passy, *op. cit.*, p. 238.

même était comprise comme une jouissance déléguée par l'Église.

Donc, dès le quinzième siècle, la France laisse perdre la liberté politique dont elle devait, tout d'abord, l'origine aux mœurs des Germains, et pendant le moyen âge elle n'a fait aucun progrès sur l'antiquité pour le droit naturel. Par conséquent l'hétéronomie subsiste toujours, et la liberté générale eut à subir une nouvelle éclipse.

Temps modernes.

La suppression de l'influence effective des États généraux, l'abaissement simultané des communes et de la noblesse, nous montrent, dès la Renaissance, le triomphe et la prépondérance assurée du pouvoir civil. Celui-ci se rapproche de plus en plus du type impérial romain, cet objectif ardemment et constamment poursuivi par les légistes de la royauté. Après les ébranlements que déterminèrent la Réforme et les guerres civiles qu'elle dut entraîner à sa suite, la tradition du régime oriental fut bientôt renouée et trouva enfin sa personnification la plus complète chez Louis XIV, le roi-soleil. Alors tout fut dominé, écrasé par l'absorbante personnalité du souverain. La pensée a désormais pour correctif la Bastille; la conscience libre est châtiée par l'exil, la prison, les galères, le gibet, et enfin par la violation des droits les plus sacrés de la famille; la propriété, soumise à la confiscation, est effrontément niée dans son caractère individuel par le souverain, quand il se mêle d'écrire, et il se l'attribue tout entière d'un trait de plume (¹). C'est

______

(¹) « Les rois sont seigneurs absolus et ont naturellement la disposition pleine et entière de tous les biens qui sont possédés. » Doctrine que la Sorbonne confirmait en ces termes : « Tous les biens des sujets du roi lui appartiennent, et il peut en user comme des siens propres. »

ainsi que certains Pères de l'Église faisaient remonter à la personne de l'empereur la légitimité de la propriété. Et, d'après Bossuet, le dernier d'entre eux, dit-on : « Du gouvernement est né le droit de propriété, et, en général, tout droit doit venir de l'autorité publique. »

Telle est la part faite au droit naturel par ce régime qui avait concentré tous les pouvoirs dans la personne du roi. Le simulacre de liberté politique possédé par les villes disparut à son tour, et si on le vit renaître, ce fut pour devenir l'objet du plus déplorable trafic ([1]).

Ce despotisme, qui n'était qu'un renouveau de l'époque impériale, avait pour instrument de puissance et de règne une centralisation administrative qui faisait sentir, partout et à toute heure, la main de l'autorité suprême. Celle-ci, déjà victime de son propre système à la fin du règne de Louis XIV, allait arriver, avec Louis XV, à la décrépitude et à la mort morale.

De cette tradition qui supprime et la liberté individuelle et la liberté générale ou politique, je dois rapprocher la tradition de l'autel, désormais connexe à celle du trône, associées qu'elles sont contre de communs ennemis. Nous sommes un peuple qui a préféré le catholicisme au protestantisme, c'est-à-dire l'héréronomie la plus radicale à l'autonomie au moins relative, en matière de foi. Or : « les habitudes catholiques profondément enracinées, habitudes d'esprit, habitudes de cœur, survivent chez nous aux croyances catholiques » lorsqu'elles meurent. « Un grand fond d'attaches secrètes au catholicisme ne s'est-il pas montré dans ces imitations d'auto-

---

([1]) « Je n'aperçois pas de trait plus honteux dans toute la physionomie de l'ancien régime, » dit à ce sujet M. de Tocqueville. Après avoir dépouillé les villes de leurs droits municipaux, on les leur octroyait de nouveau, moyennant finances. Puis on les reprenait pour les revendre encore.

rité sacerdotale et de science dogmatiquement consacrée que le saint-simonisme et le positivisme ont successivement essayées (¹) ? » D'où vient donc à l'école jacobine ce dogme qui lui est si cher de la vérité qu'on impose? D'où vient encore le grand principe de l'autorité, en matière politique, souvent invoqué sans qu'on songe à en déterminer la source, et qui n'est qu'un développement parallèle à l'autorité en matière de foi ? Le droit divin dans l'ordre civil, l'infaillibilité qui se proclame dans l'ordre religieux ne sont que deux aspects différents d'une même idée : l'hétéronomie. Le despotisme sans frein de César s'unit à l'action absolue de l'Église dans la vie du croyant. Dans les deux cas atteinte au droit individuel.

La double tradition autoritaire et libérale, que j'ai signalée dans le monde antique, se retrouve aussi dans les temps modernes. Mais la première n'a pu que reproduire le passé, en l'aggravant parfois, tandis qu'il y a un progrès très manifeste pour la seconde, qui arrive à une conscience plus nette et plus étendue d'elle-même. Dans les grandes luttes de la Réforme, la conscience proteste d'abord contre la foi qui s'impose; puis, après le rôle peu sérieux de la noblesse, on voit se produire en France, dans la bourgeoisie huguenote, un véritable réveil de l'esprit républicain et municipal. Ce n'est plus le croyant qui se contente de la couronne et des palmes du martyre, c'est l'homme qui réclame son droit personnel, c'est le citoyen qui demande à compter dans la chose publique. Hubert Languet, dans son ouvrage *(Vindiciæ*

____

(¹) Renouvier et Pillon, *Critique philosophique,* t. II, p. 2. Chacun connaît l'admiration que professait Comte pour le catholicisme où il ne trouvait à reprendre que la doctrine. C'est avec vérité qu'on a pu dire du positivisme (Huxley) qu'il n'est qu'un catholicisme sans christianisme.

contra tyrannos), formule très explicitement la doctrine du droit naturel. Tel est le fondement véritable de ces droits du peuple que rien ne saurait prescrire ; telle est la raison pour laquelle toute magistrature (la royauté elle-même est dans ce cas) ne saurait être autre chose qu'une délégation ayant pour fin l'utilité générale, délégation qui repose sur un contrat bilatéral ([¹]). De là une sanction nécessaire lorsque les droits du peuple sont violés, sanction qui n'est autre que le droit et le devoir strict de l'insurrection pour tous ceux qui représentent la nation, et qui, inférieurs individuellement à la royauté, lui sont supérieurs, considérés dansleur ensemble. Le peuple est le seigneur suzerain, le prince n'est que le vassal, et il peut toujours être déposé pour crime de félonie.

Nous voici loin des jurisconsultes de l'époque impériale, des théologiens du moyen âge et de la politique de Bossuet. L'ère moderne est véritablement ouverte par un fils de la Réforme, qui a compris le double caractère de la liberté. Elle est, en effet, individuelle et générale.

Mais ce n'est pas seulement parmi les huguenots que ces doctrines trouvèrent créance. La contagion se propagea aux catholiques eux-mêmes, et la Ligue, singulier et triste mélange de démocratie, d'esprit municipal et de fanatisme, ne se contenta point du précepte. Elle donna l'exemple par la déposition d'Henri III.

Dans le dix-septième siècle je ne citerai qu'un seul homme, bien qu'il soit étranger à la France, mais il a eu la plus large influence sur le développement de la pensée française, au siècle suivant. Je veux parler de Locke, un autre fils de la Réforme. Ce philosophe con-

---

([¹]) Denis, dans son *Histoire des théories et des idées morales dans l'antiquité,* attribue à l'école épicurienne le principe du contrat comme fondement de la société politique, t. Ier, p. 417.

damne l'esclavage (¹), rattache la propriété à ses principes fondamentaux : le travail et l'hérédité, au lieu de la subordonner à la loi civile. Il montre que le principe de la société politique est le consentement des hommes, et que sa fin est la conservation de ce que chacun possède en propre : la vie, la liberté et les biens. L'État, pour remplir cette mission, doit donc obéissance aux lois naturelles comme les autres, et s'il manque à ce devoir, qui est la raison de son institution, il se met en état de guerre avec la société. Locke distingue ensuite trois pouvoirs dans le gouvernement : le *législatif*, l'*exécutif* et le *confédératif,* mais c'est le législatif qui est le seul souverain. Or, le peuple a le droit de se défendre contre l'exécutif et même le législatif, lorsque l'un ou l'autre viole les lois naturelles. Le point de départ de toute société est l'individu. Sa raison d'être et sa fin demeurent toujours dans l'individu.

Jamais on n'avait porté pareille lumière au sein des confusions et des obscurités du passé. La liberté individuelle est la faculté de faire usage de ses droits naturels, sous la garantie des lois. La liberté générale, d'où procède la vraie souveraineté ou l'autorité législative, a pour objectif l'institution des meilleures sauvegardes pour la personne morale. L'autonomie est donc fondée pour l'individu, comme pour la nation, et il n'y a plus qu'à appliquer les véritables principes de la science politique, désormais constituée.

M. Barni insiste, avec raison, sur les rapports étroits

(¹) Aucun pacte ne peut rendre un homme l'esclave d'un autre, d'après Locke. Cependant ce philosophe n'a pu s'affranchir absolument de la tradition et il admet la légitimité de l'esclavage pour les prisonniers faits dans une guerre juste. Mais leurs enfants ne sauraient être dépouillés des biens de la famille ni réduits eux-mêmes en esclavage. (*Du Gouvernement civil,* édit. 1724, trad. Mazel, p. 252, 263, 275.)

qui unissent nos grands publicistes du dix-huitième siècle avec la Réforme, par l'intermédiaire du philosophe anglais (¹). Mais il y a un hommage de plus à rendre à ce dernier. Ni Montesquieu, ni Rousseau, ni Voltaire n'ont eu cette admirable et claire conscience du droit naturel, qui est le vrai fondement du droit politique. Ces trois hommes illustres ont subi à des degrés inégaux l'influence des traditions du monde antique, surtout incarnées à leur époque dans le catholicisme et la royauté.

La dominante, chez Voltaire, est l'amour de l'humanité. Aussi le voit-on combattre l'esclavage, l'intolérance, les procédés barbares de la justice d'alors, dont on a pu dire qu'elle rivalisait de méchanceté avec les criminels eux-mêmes. Il n'eut d'ailleurs qu'une notion incomplète des droits de la conscience, puisqu'il subordonne absolument l'Église au pouvoir laïque; erreur regrettable qui devait se traduire par la constitution civile du clergé. Voltaire se prononce d'ailleurs pour une monarchie tempérée par les lois, et il rejette l'égalité des droits politiques.

Montesquieu représente particulièrement, dit-on, la liberté politique, mais non la liberté égale pour tous, car c'est un homme de tradition et qui tient aux priviléges. Il avoue cependant, quelque part, que la liberté est liée à l'égalité. Pour lui, la liberté consiste dans le droit de faire tout ce que les lois permettent, proposition qui ne serait vraie que si, conformément à sa définition, la loi était « la raison humaine en tant qu'elle gouverne tous les peuples de la terre ». Il a montré que le prin-

***

(¹) *Histoire des idées morales et politiques en France au dix-huitième siècle.*

cipe déjà ancien de la division du pouvoir est la plus sûre garantie contre le despotisme.

Malgré la distinction qu'il reconnaît entre la loi naturelle et les lois positives, il fonde la propriété sur l'existence de ces dernières. De plus il est d'avis que, lorsqu'on est maître de recevoir dans un État une nouvelle religion ou de ne pas la recevoir, il ne faut pas l'y établir. Et néanmoins Montesquieu fut humain, tolérant et l'un des plus éloquents adversaires de l'esclavage. Pour ce qui touche au droit naturel, il n'avait pu se soustraire complètement aux influences traditionnelles, si puissantes encore en France, au dix-huitième siècle.

Rousseau, enfin, représente l'égalité ([1]). Malheureusement les contradictions abondent dans son œuvre. Il part de ce principe, déjà énoncé par Hubert Languet, que le fondement du droit politique est le contrat, et il établit que la liberté humaine est absolument inaliénable. Puis il demande l'aliénation totale de chaque associé avec tous ses droits à la communauté, et il considère l'esclavage comme pouvant être nécessaire à la liberté d'un certain nombre de privilégiés. Telle est, en effet, la notion de la cité antique. D'après Rousseau, l'État est la véritable origine du droit de propriété, aussi peut-il s'emparer légitimement du bien de tous. La volonté générale, dont l'État n'est que la formule, est la source des lois et la règle du juste et de l'injuste, car tout ce qu'ordonne la loi est légitime. Une religion civile est nécessaire à la sûreté de l'État, et quiconque cherche à s'y soustraire doit être puni par l'exil ou la mort. Comme la force des choses tend toujours à détruire

---

([1]) J'emprunte ces trois caractéristiques à M. Barni.

l'égalité, la force de la législation doit toujours tendre à la maintenir.

C'est ainsi que Rousseau comprend le droit naturel. En politique, il fait procéder la souveraineté du peuple de la volonté générale, « qui est toujours droite et tend toujours à l'utilité publique. » Cette volonté générale doit s'exprimer sans intermédiaire, ce qui est la suppression du mandat. Tous les droits sont fixés par les lois de l'État, qui est un être moral.

Rousseau a donc fort mal entendu le droit naturel, et il nous conduit directement à l'action prépondérante de l'État, action plus facile et plus complète encore dans l'égalité des conditions sociales. Et cependant, lorsque 89 arrive, la préoccupation générale est évidemment la reconnaissance et la proclamation du droit individuel. Dans la célèbre déclaration des droits de l'homme et du citoyen, qui précède la constitution de 91, on lit en toutes lettres : « Art. 2. Le but de toute association politique est la conservation des droits naturels et imprescriptibles de l'homme. Ces droits sont la liberté, la propriété, la sûreté et la résistance à l'oppression (¹). »

Il semble que les législateurs se soient inspirés directement de la pensée de Locke et d'Hubert Languet. Cette pensée se retrouve exprimée de mille manières, sous la plume de Condorcet, l'ami de Voltaire, de d'Alembert, de Turgot et des Girondins, dont il ne partageait point les passions et dont il partagea néanmoins la déplorable destinée, lui l'apôtre de l'humanité, de la perfection indéfinie de l'homme et qui mérita d'être appelé le théoricien du droit naturel, cette grande chose qui n'allait plus être proférée que par des lèvres impures.

(¹) Condorcet reproche à la déclaration des droits de n'avoir pas été suffisamment explicite sur la question de la liberté du travail.

Dans son développement historique, la Révolution de 89 nous donne le plus étrange spectacle qui se puisse concevoir. On proclame la liberté politique et on lui donne pour corollaires la centralisation absolue, la tyrannie de l'Assemblée par la Commune de Paris et, d'une manière générale, de la majorité par une minorité qui a l'ardeur et le délire de la fièvre. On proclame le droit naturel et on lui donne pour corollaires le maximum, la religion civile, le culte de l'Etre suprême, les massacres, les exécutions en masse, les confiscations sur la plus large échelle. « Soyez comme la nature, disait Danton. elle voit la conservation de l'espèce, ne regarde pas les individus. » Du droit une seule chose subsiste, c'est l'égalité de tous devant la loi de mort qui, après avoir dévoré avec la Gironde la tête et le cœur de la nation, se retourna ensuite contre les bourreaux et termina d'une manière digne d'eux leurs saturnales sanglantes. Tant de folies et de crimes venaient de se commettre au nom de la souveraineté dérisoire de la raison, affreux sarcasme qui jetait un démenti atroce aux grandes et généreuses aspirations du siècle des idées (¹)!

Personne n'a mieux compris qu'Edgard Quinet les causes qui ont amené l'avortement politique de la Révolution française. Je ne saurais mieux faire ici que d'être l'écho pur et simple de cet admirable écrivain.

Dans la Révolution française, il y à eu une transformation politique et une transformation sociale. Celle-ci, naissant d'elle-même, n'a point provoqué de difficultés sérieuses, mais par la première les Français entraient en lutte avec la suite entière de leur histoire, qui n'avait

____

(¹) « Nous avons allumé un grand phare sous la Constituante; nous l'avons laissé éteindre sous la Législative; et sous la Convention, nous nous sommes entr'égorgés dans les ténèbres, » disait le conventionnel Cambon.

d'autres traditions que celles de l'arbitraire, de l'absolutisme le plus pur. Les hommes de 89 sont complètement sortis des traditions byzantines sur le pouvoir central, et les Girondins, qui héritèrent d'eux l'âme même de la Révolution, représentaient mieux que personne la liberté dont ils voulaient et comme principe et comme méthode. Elle mourut avec ces nobles martyrs, car elle n'était connue que d'un petit nombre, et avec le petit nombre on décapita l'avenir. Par la Terreur, les Jacobins remirent la France sous le joug du despotisme (¹).

La Gironde a donc lutté contre toutes les traditions de notre histoire nationale et a succombé comme le héros antique frappé par une fatalité aussi injuste qu'implacable. Rappelons en quelques mots les institutions politiques et religieuses qui nous ont fait ce que nous sommes.

Chacun sait, depuis M. de Tocqueville, que la monarchie a survécu dans l'esprit et les institutions révolutionnaires (²). La caractéristique de l'ancien régime est l'arbitraire, le défaut de garanties pour l'individu, le *si veut le roi, si veut la loi*. Les Français étaient depuis longtemps habitués à laisser passer la justice du roi, et ils ne virent rien d'étonnant à ce que les Jacobins voulussent assurer par le despotisme le triomphe des libertés populaires. La Terreur a donc été le legs fatal de l'histoire de France à la Révolution, et les Montagnards, novateurs en théorie, demeurèrent dans l'application, c'est-à-dire comme méthode, des hommes du passé (³).

Tous les cahiers des états qui demandaient, en 89, la

(¹) *Révolution française*, t. Iᵉʳ, p. 62, 63, 122, 210, 302, 364; t. II, p. 50, 51, 126, 127, 128, 138.

(²) *De l'Ancien Régime et de la Révolution.*

(³) Edg. Quinet, *op. cit.*, t. Iᵉʳ, p. 45, 47, 303, 310, 336, 364; t. II, p. 134, 136, 164, 335.

conciliation de la liberté nouvelle et de l'ancienne monarchie défiaient la logique elle-même. Dans ces termes le problème demeure à jamais insoluble.

D'autre part, le catholicisme fut déclaré religion nationale par les constituants. Ceux-ci, imbus d'une vaine philosophie, s'en rapportèrent à la parole du vicaire savoyard, qui prétend que c'est une présomption inexcusable de professer une autre religion que celle dans laquelle on est né. Les terroristes, à leur tour, Robespierre en tête, interdirent à l'ancien clergé de sortir de l'Église, car ils faisaient reposer la République sur la moralité, et celle-ci leur paraissait liée indissolublement au culte catholique, dont ils s'imaginaient les dogmes contraires à la raison blessés à mort. N'est-ce pas Robespierre lui-même qui, parlant de Rabaut-Saint-Étienne, disait : « Traître comme un protestant et un philosophe, » unissant ainsi dans un même anathème la pensée libre et la conscience libre? Mais le catholicisme est incompatible avec la liberté, d'après le langage autorisé de tous ses pontifes, et les terroristes n'ont pas compris que le vieil ordre religieux était la raison d'être, le fondement, la substance du vieil ordre politique (¹).

Tous les cahiers des états qui demandaient, en 89, la conciliation de la liberté nouvelle et de l'ancienne religion, défiaient ici encore la logique elle-même. Le catholicisme exerce une influence néfaste sur la liberté, ce que Tocqueville constatait sans pouvoir le comprendre (²).

L'austère et forte génération d'Hubert Languet, si féconde en âmes énergiques, en caractères fortement

---

(¹) Edg. Quinet, *op. cit.*, t. Iᵉʳ, p. 128, 131, 135, 144, 149, 151, 162, 169, 186; t. II, p. 60, 103, 105, 106.
(²) *Lettres.*

trempés, tomba en partie sous le fer des assassins. Puis les générations suivantes, qui héritèrent de ces mâles vertus, proscrites, dépouillées et flétries par un odieux despote, durent porter dans de nouvelles patries l'énergie tenace, la volonté persévérante qui ne corrigent plus cette frivolité devenue la dominante de notre peuple ([1]). Les traditions monarchiques, administratives, morales et religieuses de la France ont dû amener presque fatalement l'échec de la révolution politique. L'œuvre des siècles a balayé, en un moment, ce qui paraissait l'œuvre d'un jour.

Au temps même où le passé semblait devoir disparaître, à tout jamais, il prit donc un masque nouveau et fit un retour offensif. C'est à l'action prépondérante de l'État, la meilleure caractéristique de la société gréco-romaine, que nous devons la loi de salut public, autre expression de la raison d'État. Conscience, pensée, travail, propriété, en un mot le droit individuel, tout cela disparut devant le vieux monde qu'on avait toujours sous les yeux, sous prétexte de républiques grecques et romaine, et où on allait chercher ses inspirations et ses modèles. De plus, l'État, unité vivante et personne morale de Platon, être moral de Rousseau, doit se proposer pour but la vertu, au dire du premier. Mais celui-ci, en tant qu'utopiste, condamnait la contrainte et faisait appel à l'éducation; tandis que Robespierre, qui était plus pratique, donnait pour moyen à la Révolution la terreur, tout en proposant la vertu pour objectif à l'État.

A côté du bénéfice obtenu de l'égalité de tous devant la loi, bénéfice très considérable, on doit reconnaître que

---

([1]) « Ce n'est pas avec la mobilité que la liberté se fonde. » (Edg. Quinet, *op. cit.*, t. I, p. 214, 215.)

le principal effet de la Révolution française a été d'augmenter, avec l'unité, l'intensité du pouvoir (¹). On a possédé plus ou moins la liberté politique, mais à l'exemple de cette antiquité, dont Condorcet stigmatisait avec tant de force la funeste influence (²), on a accordé fort peu de chose au droit individuel et fait la part la plus large possible au pouvoir central. Ce qui, dans les conditions d'autonomie, doit occuper le centre, a été mis à la circonférence et réciproquement. Le nouveau césarisme, si remarquablement prophétisé par M. de Tocqueville, a été le dernier mot du système.

Après avoir fait, dans l'échec de la Révolution française, la part des causes que je viens d'indiquer et d'autres encore, telles que l'ignorance des masses, l'inexpérience absolue des hommes d'État, l'émigration, la guerre étrangère, puis la personnalité absorbante du premier consul, qui tenta un essai de restauration impériale et féodale, il est facile de comprendre comment toutes les révolutions nouvelles dont notre âge a été le témoin ont misérablement échoué. Ne semble-t-il point que nous soyons voués, sous le rapport du progrès politique, à une impuissance fatale? L'excès du pouvoir

---

(¹) M. Dupont White, qui trouve beaucoup de mérites à la centralisation, ne s'est pas aperçu que l'intensité d'action du pouvoir, qui lui paraît regrettable, est étroitement liée à la rigueur absolue de l'unité administrative, qui est pour lui un grand bien. (Voir ses articles sur l'Administration locale en France et en Angleterre, *Revue des Deux-Mondes,* 1862-1863.)

(²) « Les anciens n'avaient aucune notion de la liberté naturelle, ils semblaient même n'avoir pour but dans leurs institutions que de l'anéantir. Ils auraient voulu ne laisser aux hommes que les idées, que les sentiments qui entraient dans le système des législateurs. Pour eux, la nature n'avait créé que des machines, dont la loi seule devait régler les ressorts et diriger l'action. » *(Mémoire sur l'objet et la nature de l'instruction publique.)* Condorcet condamne ainsi formellement le rôle du législateur, tel que l'ont compris l'antiquité, Rousseau et le socialisme contemporain.

en amène la chute; la liberté s'abandonnant elle-même devient licence, et celle-ci nous ramène au despotisme. La fameuse loi des *ricorsi* de Vico serait-elle donc éternellement vraie?

Des événements qui se reproduisent avec cette inaltérable monotonie, indiquent suffisamment la persistance des conditions qui les provoquent. L'individu, au moins en principe, est demeuré un zéro, et l'État, grandissant davantage encore, a tout embrassé dans sa robuste étreinte, tout embrassé et tout flétri. Après avoir fait la part des influences traditionnelles, il faut tenir compte aussi d'un complément d'influence que j'emprunte au monde des idées; il va concourir à donner l'explication du fatal contre-sens qui semble nous condamner, à jamais, à une agitation stérile.

Malgré la coexistence du sensualisme, du matérialisme, du spiritualisme, de l'éclectisme et du panthéisme, c'est ce dernier qui donne évidemment, jusqu'à ce jour, au dix-neuvième siècle, ainsi que l'établit très bien M. Renouvier, sa physionomie caractéristique, si on le prend, dans ses termes généraux, comme exprimant la fatalité, l'évolution nécessaire. Compris de la sorte, l'hégélianisme domine l'histoire de la pensée contemporaine.

L'évolution appelle à sa suite les idées d'organisme, d'organisation. De là le rôle de Saint-Simon qui, niant l'existence d'une liberté qui ne trouvait point de place dans un monde exclusivement régi par des lois mathématiques, ne vit rien de mieux que la gravitation pour en faire le principe fondamental de son œuvre, et songea à faire élire un pape de la nouvelle théorie scientifique. Puis ses idées se modifièrent, et il voulut constituer l'industrie comme tête de la société et comme source d'une morale positive. Un nouveau changement lui fit placer l'art avant la science et l'industrie. Mais, en tous cas, ni la liberté politique, ni la liberté individuelle ne pouvaient être prises comme un but de l'association. Saint-Simon conclut, enfin, à une religion vraiment universelle, ayant son culte, ses dogmes et son clergé, dont le rôle est celui d'une théocratie scientifique et industrielle.

Toutes les sectes sorties du saint-simonisme ont pour mobile la passion d'organiser et n'expriment que le plus parfait mépris pour la liberté morale. Comte a été, lui aussi, un organisateur, un organisateur par la science. Sans entrer dans l'examen approfondi de ses idées, il me suffira de dire que, pour lui, l'économie politique est une science fausse, que le droit individuel n'existe point et n'est qu'une conception métaphysique et antisociale (¹). En histoire, nous trouvons une évolution progressive nous montrant chaque époque supérieure à celle qui la précède. L'histoire, comme tout le reste, est soumise à des lois immanentes.

L'organisation par la science aboutit à une religion panthéistique et à une constitution théocratique et absolutiste dont M. Comte fut le grand-prêtre. C'était finir comme prétendait finir Saint-Simon.

La pensée de Fourier se distingue nettement des écoles précédentes, mais elle s'en rapproche néanmoins par l'idée d'organisation et par la valeur prépondérante donnée à l'attraction, à la passion, ce qui arrive à

(¹) « Quand on a tenté de donner aux droits prétendus humains une destination vraiment organique, ils ont bientôt manifesté leur nature antisociale. Dans l'état positif qui n'admet plus de titres célestes, l'idée de droit disparaît irrévocablement. » (*Discours sur l'ensemble du positivisme*, p. 356.) Comte réclame l'abdication de la liberté d'examen pour le grand nombre, en matière sociale, comme étant trop au-dessus de sa portée. (*Philosophie positive*, t. IV, p. 56.)

l'atténuation progressive de la liberté, bien qu'à l'origine, dans la constitution de l'harmonie, on lui eût fait une part réelle.

Je ne puis m'appesantir sur les écrivains postérieurs. Je rappellerai que, pour Enfantin, le prêtre est la loi vivante et infaillible; que, pour Proudhon, l'individualité n'est qu'une apparence provenant d'une substance amorphe, le *pantogène,* et que la liberté morale est une illusion pure (¹). Je me contenterai donc du résumé suivant, que j'emprunte à M. Renouvier : « Un progrès cosmique, lequel est Dieu et le monde, un progrès humain, inhérent à la substance, en quelque sorte, de l'humanité, et qui la mène à son but nécessairement par tous les chemins; une action des milieux qui, partout, dans l'univers, dans la société, suscite l'individu, le façonne à ses états et l'induit à ses actes : tels sont les principes. Comme conséquences : un affaiblissement sensible des notions de responsabilité et de devoir, une tendance marquée à légitimer le fait et la force, à justifier l'injustice du prince par la raison d'État et celle du citoyen par la souveraineté du but (²). »

Une idée générale préside aux conceptions plus ou moins systématiques, relativement à l'économie sociale, qui se sont produites après la Révolution française et ont obtenu une si grande et si prompte vulgarisation. Cette idée est celle du déterminisme, de l'action souveraine des milieux. Les remarquables résultats que le déterminisme, comme méthode commune, a donnés dans la science de la nature, ont reflué sur l'ordre moral et ten-

---

(¹) Sur la question de la liberté morale, on rencontre, d'ailleurs, chez Proudhon, des assertions contradictoires.

(²) *Année philosophique,* 1867, p. 99. Les éléments de cette analyse des systèmes socialistes sont empruntés à M. Renouvier.

tent de le marquer à leur propre coin. Or, si l'homme passe à l'état de phénomène, d'apparence mobile et fugitive, la notion du droit individuel s'atténue, se subtilise et finit par s'évanouir. C'était une ombre et maintenant ce n'est rien.

Ceci posé, nous pouvons comprendre la marche suivie par les événements depuis la Révolution française. En 89, on disait que le but de l'institution politique est la garantie des droits naturels. Mais les notions de liberté, de personne morale se sont affaiblies, le droit a été ou méconnu ou nié ouvertement. Alors l'État, qui occupe l'un des plateaux de la balance, s'est trouvé sans contrepoids et il n'y a plus eu d'équilibre possible. Demeuré purement civil ou devenu théocratie lorsqu'il subit l'influence du catholicisme, et théocratie sans Dieu ('), il peut exprimer toujours ce qu'on appelle la liberté générale ou politique, mais il ne saurait avoir cure de la liberté individuelle. Or, c'est celle-ci qui constitue les droits de l'homme ou la vraie caractéristique de la Révolution.

De nos jours, l'État continue les errements du passé; le principe ne varie point, ce qu'on pourrait appeler la méthode varie seule. En effet, la prépondérance absolue du pouvoir central a surtout pour correctif les mœurs et l'opinion, mais le souverain, qu'il soit individuel ou collectif, qu'il s'appelle monarque ou peuple, menace toujours, dans leur existence même, les droits de l'homme. Le despotisme n'est pas autre chose que la négation de ces derniers, et de tous les despotismes, le plus écrasant et le plus radical est celui du nombre.

L'hétéronomie subsiste donc encore, après tant de

(') Je fais allusion à la doctrine qui se dit positive.

siècles écoulés, et la France, qui se croyait mûre, en 89, pour la revendication de ces titres que formula la première la voix de Socrate, et que l'humanité n'avait jamais totalement perdus, après une courte et cruelle tentative vers l'objectif poursuivi, semble s'être replacée, volontairement, sous le joug des plus antiques traditions de l'histoire.

La race anglo-saxonne, fidèle aux enseignements de Locke et au génie politique de la Réforme, continue, jusqu'à ce jour, à placer le but de l'institution du pouvoir politique dans la défense et la sauvegarde des droits naturels. C'est une leçon pour nous, leçon qui est à la fois une expérience et un salutaire exemple. Puissions-nous en profiter et faire ainsi disparaître la funeste antinomie qui a compromis et failli perdre une grande et noble cause, celle de la Révolution française ! Nous pénétrant de plus en plus de l'esprit de cette Révolution, vivant de sa vie, animés de son souffle, puissions-nous de mieux en mieux comprendre que « le vrai rôle du gouvernement n'est pas de gouverner les hommes, mais de leur apprendre à se gouverner eux-mêmes (¹) ! »

(¹) Barni, *op. cit.*, p. 176 : « La vraie démocratie est celle où tous sont leurs propres maîtres. » *Ibid.*

Bordeaux. — Imp. G. Gounouilhou, rue Guiraude, 11.